# AUF DEM WEG ZUM MANN

KARL BRÜHWILER

# AUF DEM WEG ZUM MANN

Wie du als Teenager Schule, Emotionen
und dein Leben meistern kannst

**Bibliografische Information der Deutschen Nationalbibliothek:**
Die Deutsche Nationalbibliothek verzeichnet diese Publikation
in der Deutschen Nationalbibliografie; detaillierte bibliografische
Daten sind im Internet über http://dnb.dnb.de abrufbar.


© 2018 Karl Brühwiler
Bild S. 47 https://de.wikipedia.org/wiki/Sigmund_Freud#/media/
File:Sigmund_Freud_LIFE.jpg
weitere Abbildungen: fotolia.de
Satz, Umschlaggestaltung, Herstellung und Verlag:
BoD - Books on Demand


ISBN: 978-3-7460-0258-3

# INHALT

# VORWORT

Warum hältst du dieses Buch in deinen Händen? Stehst du gerade in der Buchhandlung und es interessiert dich? Super! Oder haben dir deine Eltern dieses Buch gekauft, weil du dich *verändern und entwickeln* sollst, und sie erwarten, dass du es liest? Na toll. Dann wirst du  vermutlich nicht mal bis zur nächsten Seite blättern.

Aus meiner Erfahrung aus tausenden von Therapiestunden und Beratungsgesprächen mit Jugendlichen in deinem Alter weiß ich nämlich eines: Du bist derjenige, der entscheidet, was dir etwas bringt und was nicht, und in deinem Alter lässt man sich nicht gerne dreinreden. Und dennoch hast auch du vielleicht manchmal Fragen, auf die du einfach keine Antwort findest.

Unsere Welt ist manchmal schwierig zu verstehen und erklärt sich nicht von selbst. In der Schule, im Freundeskreis oder der Familie lernst du vermutlich wenig über die Dinge, die für dich als männlichen Teenager *wirklich* wichtig sind, um dich frei, selbstbewusst und stark zu fühlen. *Was finden Mädchen an Jungs wirklich beeindruckend? Wie kann ich in der Schule Erfolg haben, ohne meine ganze Freizeit zu investieren? Weshalb sind meine Eltern manchmal so nervig? Sind meine Gedanken und Gefühle normal?* Diese und viele weitere Fragen werden dir beim Lesen beantwortet werden.

Ich stelle dir mit diesem Buch mein Wissen zu all diesen Themen zur Verfügung, welches ich zusammen mit hunderten von Jugendlichen erarbeitet habe und das vielen jungen Männern geholfen hat, eine starke Persönlichkeit zu entwickeln und ihren Weg in ein gesundes, starkes Erwachsenenalter zu finden.

Geschrieben habe ich dieses Buch für Jungs im Teenageralter (d.h. von ca. 13 bis 18 Jahren), aber auch Mädchen, interessierte Eltern und alle andern sind eingeladen, das Buch zu lesen. Es muss nicht von A bis Z gelesen werden, du kannst auch einfach schauen, welche Kapitel dich interessieren.

Ich wünsche dir viel Spaß beim Lesen!

# MÄNNLICHKEIT

In der Pubertät werden die biologischen Unterschiede zwischen Mann und Frau auf der körperlichen und der psychischen Ebene immer deutlicher. Die Ausschüttung des Geschlechtshormons Testosteron sorgt bei Jungs für einen starken körperlichen Entwicklungsschub. Zudem wächst der Wunsch, Verantwortung zu übernehmen, sich mit anderen zu messen und «die Welt zu verändern». Viele Jungs entfalten in dieser Zeit so viel Kraft, dass sie kaum wissen, wohin damit. Die meisten dieser Jungs wollen als männlich und erwachsen betrachtet werden. Doch was macht *Männlichkeit* aus und was unterscheidet pubertäre Jungs von echten Kerlen?

Die Gesellschaft zeichnet in Kunst, Literatur, Film und Werbung ein Bild von einem muskulösen, rauen, teilweise groben Mann, welcher wenig Emotionen zeigt und vor nichts und niemandem Angst hat. Gesellschaftlich herrscht die Vorstellung, man muss es sich *verdienen*, ein echter Mann zu sein, was in verschiedenen Redewendungen zum Ausdruck kommt (*„Verhalte dich wie ein Mann!"* oder *„Bist du ein Mann oder eine Maus?"*)[1]. Viele junge Männer spüren den Druck, jederzeit stark und selbstbewusst sein zu müssen, da ihre Männlichkeit ansonsten schnell in Frage gestellt werden kann.[2] Diese sehr oberflächliche, negative und unrealistische Vorstellung von Männlichkeit geht weit daran vorbei, was Männlichkeit ausmacht, und verunsichert viele – insbesondere junge Männer.

Für mich persönlich hat *Männlichkeit* genau damit zu tun, eben *nicht* einfach blind einem Ideal nachzueifern und so sein zu wollen wie die anderen, sondern sich an seinen eigenen Werten und Gefühlen zu orientieren, starke, eigenständige Entscheidungen zu treffen und diese mit seinen Handlungen kraftvoll und verantwortungsvoll umzusetzen.

Ja – und ein echter Kerl heult auch mal, wenn ihm alles zu viel wird, anstatt seine Gefühle hinter einem Berg aus Muskeln zu verstecken. Ein echter Mann hält sich nicht an das von der Gesellschaft vorgeschriebene Männerbild (*„Männer müssen stark sein"*, *„Männer weinen nicht"*, *„Echte Männer müssen Muskeln haben"* usw.), sondern findet seinen eigenen Weg, ein erfülltes, glückliches Leben zu führen. Die drei **Grundbausteine,** um als Mann den Weg zu sich selber zu finden, sind *die Übernahme von Verantwortung, die Anerkennung der eigenen Aggression und die Entwicklung von eigenen Werten.* Diese drei Bereiche werden im Folgenden genauer beschrieben.

## VERANTWORTUNG – DAS GEFÜHL, ETWAS ZU BEWEGEN

Vor 10 000 Jahren hatten Jungs in deinem Alter viel mehr Verantwortung als heute. Mit dem Eintritt in die Pubertät, der damit verbundenen körperlichen Entwicklung und der Erreichung der Geschlechtsreife wurde man Mitglied unter den Männern des Dorfes, man hat Verantwortung für das eigene Umfeld übernommen, eine Familie gegründet und mit Jagen, kriegerischen Auseinandersetzungen und Arbeit zum Überleben der Gemeinschaft beigetragen.

Heute übernehmen junge Männer *weniger Fremdverantwortung* als früher. Sie sitzen in der Schule und wälzen Schulbücher. Sie tun es nur für sich.

Für das gesunde Erwachsenwerden von jungen Männern ist es zentral, dass Jugendliche Bereiche für sich entdecken, in denen sie sich als selbstbewusst, stark, wichtig und kompetent erleben können, und das Gefühl entwickeln, etwas zu ihrem sozialen Umfeld *beitragen* zu können. Manchen Jugendlichen gelingt dies relativ einfach, indem sie sich z.B. einem Sportverein anschließen. Für Jugendliche, welche mit Sport nicht viel anfangen können, wird es hingegen schwieriger. Oftmals versuchen sie ihr Bedürfnis, Verantwortung zu übernehmen und eine wichtige Person einer Gemeinschaft zu sein, durch das Spielen von Computerspielen umzusetzen. Aufseiten der Schule und der Eltern gibt es dafür aber meist nur geringe Akzeptanz, denn Online-Erfolge werden vom sozialen Umfeld dieser Jugendlichen wenig gewürdigt.

Insgesamt würden viele junge Männer gerne mehr Verantwortung übernehmen, als sie tatsächlich können, und z.B. ihr eigenes Geld verdienen oder etwas zum Gemeinwohl beitragen. Jugendlichen fehlt es oft nicht an der Bereitschaft, Verantwortung zu übernehmen, sondern vielmehr an der Zeit oder den Möglichkeiten dazu.

## GESUNDE AGGRESSION – DIE MÄNNLICHE KRAFT

Das Wort *Aggression* hat einen sehr negativen Beigeschmack. Viele Menschen bringen damit Brutalität, Gewalt und Egoismus in Verbindung. Doch eigentlich ist *Aggression* im Kern etwas Positives. Der Wortstamm von „Aggression" kommt aus dem Lateinischen („aggredi") und bedeutet so viel wie **heranschreiten, fortschreiten oder angreifen**. Biologisch betrachtet, steht die männliche Fähigkeit, etwas kraftvoll „anzu-greifen", sich durchzusetzen und seinen Weg zu bahnen, eng mit der Ausschüttung des Geschlechtshormons Testosteron in Verbindung, welches in der Pubertät bei Jungs vermehrt produziert wird. Die männliche aggressive Kraft hat sich über tausende von Jahren entwickelt und in der Evolution als „erfolgreich" und überlebenswichtig herausgestellt.[3] Funktionen männlicher Aggression waren früher z.B. der Schutz wichtiger Ressourcen wie Nahrung und Wasser oder die Verteidigung der eigenen Familie vor rivalisierenden Männchen.

Auch heute noch ist männliche Aggressivität wichtig. Eine kontrollierte und zielgerichtete, *gesunde Aggression* ist hilfreich dafür, sich im Berufsleben und Privatleben zu positionieren, sich durchzusetzen, seine Ziele zu erreichen und dadurch ein positives Selbstwertgefühl aufzubauen.[4]

Gelingt es nicht, die eigene aggressive Kraft zu bändigen und sie entsprechend seinen Zielen und Werten einzusetzen, droht die jugendliche Kraft in eine *ungesunde Aggression* umzuschlagen, die sich darin zeigen kann, dass der Jugendliche gegen alles und jeden rebelliert, seine Kraft einfach an verschiedenen Orten „verpufft" oder er sich auf Dinge im Leben konzentriert, die ihn nicht wirklich weiterbringen (z.B. extrem viel gamen oder kiffen).

| Gesunde Aggression | Ungesunde Aggression |
|:---:|:---:|
| zielgerichtet | ziellos |
| kontrolliert | unkontrolliert |
| fair | unfair |
| bewusst | willkürlich |

All das kann dazu führen, dass sich der Start in ein gesundes Erwachsenenleben verzögert oder gefährdet wird. Deshalb ist es umso wichtiger, sich als Jugendlicher seiner Kraft bewusst zu sein und sie zu lenken.

# WERTE – DER INNERE KOMPASS

*Fallbeispiel: Tim*_____

*Tim (15) entscheidet sich dafür, das Gymnasium zu besuchen. Nach einem halben Jahr werden seine Noten immer schlechter und alle fragen sich, warum.*

*Nach einem längeren Gespräch mit seinem Onkel wird Tim klar, dass es gar nicht seinen inneren Werten entspricht, auf das Gymnasium zu gehen und Medizin zu studieren, wie es sein Vater gemacht hat. Viel lieber möchte er handwerklich tätig sein und eine Schreinerlehre machen. Tim merkt, dass es ihm viel wichtiger ist, bei einer Tätigkeit Spaß zu haben, als etwas zu tun, was zwar vielleicht in zehn Jahren mehr Geld bringt, ihm aber nicht so richtig gefällt.*

*Mit dieser Erkenntnis gelingt es Tim, sich voll und ganz auf die Lehrstellensuche zu konzentrieren, und er startet voller Elan in eine Schreinerlehre. Es fällt ihm viel leichter, sich auf die Lehre zu konzentrieren, als dies im Gymnasium der Fall war, und die Entscheidung, das Gymnasium zugunsten einer Schreinerlehre abzubrechen, fühlt sich für ihn auch nach mehreren Monaten noch wirklich „richtig" an.*

_____

Was ist dir wirklich wichtig im Leben? Bist du eher der Typ, der sich um andere kümmert, oder ist es dir wichtiger, zuerst für dich selber zu schauen? Ist dir ein hohes Einkommen wichtig oder eher eine interessante berufliche Tätigkeit?

Die Wertvorstellungen eines jeden Menschen sind unterschiedlich und sie sind alle **weder richtig noch falsch**. In deinem Alter – in dem du die Wertvorstellungen deines Umfeldes vielleicht immer öfter hinterfragst – ist es sehr wichtig, sich seiner eigenen Werte bewusst zu sein. Nur wenn die Ziele, die du dir im Leben setzt, mit deinen Werten vereinbar sind, kannst du richtig viel Kraft dahinterbringen und diese Ziele auch erreichen. Deshalb sind eigene innere Wertvorstellungen ein wichtiger Kompass. Sie geben die Richtung vor, in welche du deine Kraft leiten kannst.

## WELCHE WERTE GIBT ES ÜBERHAUPT?

Theoretisch gibt es ganz viele verschiedene Werte und jeder Mensch versteht etwas anderes darunter. Um das Konzept der Werte fassbarer zu machen, hat der Psychologe Shalom Schwartz in den 1990er Jahren die *Theorie menschlicher Grundwerte* entworfen. Diese Theorie beschränkt sich auf 10 menschliche Basiswerte[5], die im Folgenden anhand einiger Beispiele etwas vereinfacht erklärt werden.

*Macht* – Für Tom ist es das Wichtigste im Leben, die Macht zu haben, Gutes zu tun und Dinge zu beeinflussen. Deshalb möchte er Politiker werden.

*Leistung* – Seine Leistung auf dem Spielfeld abrufen zu können und jederzeit einsatzbereit zu sein, sind für den Fußballer Rick wichtige Grundwerte.

*Genuss* – Für Jake, der als Hoteltester arbeitet, ist der Spaß am Leben das Wichtigste überhaupt. Nichts ist für ihn schöner, als kostenlos in einem Luxushotel zu übernachten und tagsüber am Strand zu faulenzen.

**Aufregung** – Joe mag extreme Hobbys wie Klettern oder Fallschirmspringen. Beruflicher Erfolg oder Familie sind ihm weniger wichtig. Dafür ist er nicht so der Typ.

**Selbstbestimmung** – Paula lässt sich von niemandem dreinreden. Sie ist Künstlerin und macht ihre Bilder genau so, wie sie ihr gefallen.

**Toleranz** – Für Kai sind Toleranz und Naturschutz wichtige Werte. Wir sind für ihn alle „Gäste" auf diesem Planeten und müssen lernen, uns entsprechend zu verhalten.

**Gutherzigkeit** – Clay ist ein Familienmensch. Nichts geht über die Familie. Clay würde alles tun, um seine Familie zu beschützen.

**Tradition** – Jenny findet es wichtig, die Traditionen in ihrem Dorf weiterzuführen. Deshalb hilft sie auch, das Dorffest mit zu organisieren, welches bereits seit über hundert Jahren stattfindet.

**Anpassung** – Adi legt großen Wert darauf, die Grenzen anderer Menschen nicht zu verletzten und niemandem „auf die Füße zu treten". *Leben und leben lassen* ist für ihn ein wichtiger Leitsatz.

**Sicherheit** – Leo ist nicht der Typ, der in eine Bar geht und flirtet. Viel wichtiger als der schnelle Kick ist ihm die Sicherheit in seiner Beziehung zu Anna, welche nun schon zwei Jahre hält.

## WAS SIND DEINE WERTE?

Bist du einverstanden mit den verschiedenen Grundwerten, die in diesem Kapitel erläutert wurden? Hast du dir schon mal überlegt, welche Werte für dich in deinem Leben wirklich wichtig sind? Gibt es ganz besondere Werte in deinem Leben, die nicht in dieser Auflistung enthalten sind?

# LEHRE UND SCHULE MEISTERN

Unsere Gesellschaft verlangt von dir sehr viel. Nicht nur, dass du morgens früh aufstehst und pünktlich in der Schule oder zur Arbeit erscheinst, sondern auch, dass du ca. ein Drittel deiner Zeit – also ca. 8 Stunden am Tag – mit Schule oder Arbeit verbringst. Die Arbeitswelt bedeutet aber nicht nur Stress, sondern auch Geld verdienen, selbstständig werden und persönliche Erfüllung.

Egal, ob du zur Schule gehst oder eine Lehre machst, das Teenageralter ist eine Übergangszeit, in der du dich mitten auf dem

Weg in ein unabhängiges Erwachsenenleben befindest. Das heißt, dass du zwar viel leisten musst, aber noch wenig davon hast. Die Gesellschaft verlangt von dir, dass du dich beweist, und erst dann kriegst du die entsprechenden Diplome und Chancen, dein Leben wirklich selber zu bestimmen.

## UMGANG MIT ANFORDERUNGEN VON SCHULE UND LEHRE

Hier einige Beispiele, wie du die Kraft, die du als Teenager hast, im Schul- und Berufsalltag am besten auf eine gesunde, zielgerichtete und faire Weise einsetzen kannst.

### VERTEIDIGE DICH

Fühlst du dich von Lehrern oder Lehrmeister ungerecht behandelt? Dann verteidige dich! Versuche dies auf eine möglichst sachliche Art zu machen. Schreibe auf, was du unfair findest oder was dir nicht gepasst hat, und bereite so das Gespräch vor. Trage dein Anliegen bei der entsprechenden Person sachlich vor und verschaffe dir so Respekt. Erwarte nicht, dass der/die Lehrer/-in oder Lehrmeister/-in sich entschuldigt oder einen Entscheid zurücknimmt, aber vertraue darauf, dass es Einfluss auf zukünftige Entscheidungen hat, wenn du dich hinstellst und dich wehrst.

## SETZE DICH EIN

Sprich gegenüber Autoritätspersonen wie Lehrer/innen und Lehrmeister/-innen klar über deine Ziele und setze dich dafür ein, diese zu erreichen. Wenn du weißt, was du willst, und dich entsprechend verhältst, kannst du dir viel Respekt verschaffen. Wer sich einsetzt und dies auch nach außen zeigt, hat in jeder Verhandlung und Diskussion die besten Karten in der Hand.

## ZEIGE IN DEN WICHTIGEN BEREICHEN LEISTUNGSBEREITSCHAFT

Setze deine Kraft dafür ein, dich auf die wirklich wichtigen Dinge wie Prüfungen und Hausaufgaben zu fokussieren. Versuche hierbei Prioritäten zu setzen und deine Energie möglichst auf die für dich wichtigsten Fächer zu konzentrieren. Du musst nicht überall gut sein, aber du musst so viel investieren, wie nötig ist, um auf dem direkten Weg zum Schuldiplom oder Lehrabschluss zu bleiben. Manche Jugendliche machen den Fehler, sich für gewisse Fächer nicht einzusetzen, um Lehrer/innen und Eltern zu beweisen, dass diese mit Druck nichts erreichen. Damit schadet man aber schlussendlich nur sich selber.

## SEI UNBEQUEM

Es ist nicht deine Aufgabe, dafür zu sorgen, dass sich Lehrer/innen oder Lehrmeister/-innen wohl fühlen. Wenn du etwas nicht verstehst oder ungerecht findest, sei ruhig unbequem und hol dir das, was du brauchst. Wenn du nach einem Gespräch merkst, dass du *abgewimmelt* oder *nicht ernst genommen* wurdest – versuch es noch einmal und mache klar, dass das letzte Gespräch für dich nicht befriedigend verlaufen ist. Die Autoritätsperson darf ruhig wissen, dass du hartnäckig bist und es unbequem wird, wenn man dich unfair behandelt.

*Warum Fußballer ständig reklamieren* _____

*Hast du dich einmal gefragt, warum Fußballer beim Schiedsrichter immer reklamieren? Es macht doch sowieso keinen Sinn – oder hast du schon mal einen Schiedsrichter gesehen, der eine gelbe Karte zurücknimmt, weil der Spieler protestiert hat? Sind Fußballspieler also dumm?*

*Das liegt daran, dass das Reklamieren für den Schiedsrichter ganz schön unbequem ist und der Spieler sich mit seinem Protest Respekt verschafft. Und auch wenn der Schiedsrichter seinen Entscheid nicht rückgängig machen wird – bei der nächsten Spielsituation wird er sich zweimal überlegen, ob er pfeift oder nicht.*

## SEI GESCHICKT

Wichtig ist, dass du in einem Gespräch mit einer Autoritätsperson keine Angriffsfläche bietest, indem du laut oder unverschämt wirst. Dies könnte sehr schnell gegen dich verwendet werden. Behalte einen kühlen Kopf und bleibe clever und sachlich. Mach dir vorher Stichworte dazu, was du genau sagen willst, und verschaffe dir so einen Vorteil für die Diskussion.

## AKZEPTIERE DURSTSTRECKEN

Schule ist nicht der Hauptinhalt des Lebens. In der Schule ist es nicht immer möglich, sich in seiner Persönlichkeit zu entfalten und genau das zu tun, was man möchte. Doch je älter man wird, desto selbstbestimmter und spannender wird das Berufsleben. Akzeptiere, dass sich Lehre oder Schule nicht immer *richtig* für dich anfühlen, und vertraue darauf, dass du in deinem Leben mit zunehmendem Alter immer selbstständiger bestimmen kannst, was du willst und was nicht.

## ÜBERTREIBE ES NICHT

Du kannst nicht alles *geradebiegen*. Manchmal bleiben gewisse Dinge einfach ungeklärt oder unfair. Es ist wichtig, zu merken, wann sich ein Kampf lohnt und wann nicht, und zu akzeptieren, wann für dich nichts zu holen ist. Wenn es nichts bringt — spare dir die Energie für das nächste Mal.

# RICHTIG FÜR DIE SCHULE LERNEN

Wenn du schon deine Zeit außerhalb der Schule dafür einsetzt, dich auf Prüfungen vorzubereiten und den Stoff zu vertiefen, ist es wichtig, dass du die Zeit möglichst effizient einsetzt. Hier einige Tipps, die dir helfen, besser zu lernen.

## PLANUNG IST DIE HALBE ARBEIT

Wenn du bei einer Prüfung wirklich erfolgreich sein willst, ist es nötig, dass du genügend Zeit zur Vorbereitung einplanst. „Feuerwehrübungen" bringen in der Regel nichts. Lege dir zum Lernen ganz konkrete, realistische Zeitfenster fest, z.B. *Dienstag um 19 bis 21 Uhr*. Wenn du so konkret planst, weißt du nicht nur, wann du lernen musst, sondern auch, wann du Freizeit hast. Wenn dir klar ist, dass z.b. heute kein „Lerntag" ist, brauchst du dir in der Freizeit kein schlechtes Gewissen zu machen. Ein weiterer Vorteil von festen Zeitfenstern ist, dass du dich nicht selber „betrügen" kannst, indem du das Lernen ständig vor dir herschiebst, sondern sofort merkst, wenn du dich nicht an das hältst, was du dir eigentlich vorgenommen hast.

## 3 MAL 15 MINUTEN SIND MEHR ALS 45 MINUTEN AM STÜCK

Versuche, in kleinen Zeitblöcken zu lernen und immer wieder Pausen dazwischen einzulegen. Du lernst am effektivsten, wenn sich dein Gehirn zwischen den Lerneinheiten erholen kann und dann mit neuer Frische zum Stoff zurückkehrt.

## WELCHER LERNTYP BIST DU ?

Es gibt große Unterschiede darin, ob jemand eher über das Hören, das Lesen oder über das Schreiben lernt. Ideal ist, wenn du verschiedene dieser Kanäle kombinierst, damit das Wissen in deinem Gehirn mehrfach abgespeichert werden kann. Es ist beispielsweise viel einfacher, Wörter einer Fremdsprache zu lernen, wenn du diese liest, hörst, schreibst und aussprichst.

## MANCHMAL REICHEN 90 PROZENT

Du musst nicht immer alles perfekt können. Manchmal reicht die Zeit einfach nicht aus, alles zu 100 Prozent zu lernen. Wenn du 90 Prozent des Stoffes beherrschst und ein positives Bauchgefühl beim Lösen von Probeaufgaben empfindest, bist du bereit für die Prüfung.

## NERVOSITÄT

Je nervöser dich ein Fach macht, desto mehr solltest du dafür lernen und desto genauer und frühzeitiger solltest du dein Vorgehen planen. Versuche dich beim Lernen genau in die Prüfungssituation zu versetzen und mache eine Art Probeprüfung. Beherrschst du die Aufgaben bei der Probeprüfung zuhause, gibt es keinen Grund mehr, nervös zu sein.

## HOLE DIR DIE GRATISPUNKTE

Gerade, wenn du in einem Fach Mühe hast, musst du Chancen erkennen, deine Noten aufzubessern. Oftmals wird in einer Prüfung eher der eigene Fleiß als das Verständnis des Faches getestet. Beispielsweise geht es in Englisch oder Biologie oftmals einfach ums Auswendiglernen und weniger um die Zusammenhänge und das Gesamtverständnis. Warum nicht einfach mal für die nächste Prüfung in deinem „Hass-Fach" alles perfekt lernen und brillieren?

## SELBSTORGANISATION

Sich selber zu organisieren heißt, Selbstverantwortung zu übernehmen. Den Überblick über seine Aufgaben und Pflichten (und somit auch über seine Freizeit) zu haben, ist der Grundstein des Erfolges.

Der Schul- und Arbeitsalltag macht keinen Spaß, wenn man immer einen Schritt hinterherrennt und versucht, die Situation irgendwie zu retten. Es ist ein völlig anderes Lebensgefühl, morgens mit dem Gedanken aufzustehen, alles im Griff zu haben, als mit der Angst, irgendetwas vergessen zu haben. Es ist total einfach, sich selber gut zu organisieren, dennoch wird die Wichtigkeit dieser Art von Selbstmanagement oft unterschätzt.

Kaufe dir eine schöne Agenda oder richte eine entsprechende App auf deinem Smartphone ein, um immer top organisiert zu sein. Trage Termine und Hausaufgaben diszipliniert und konsequent darin ein. Dies steigert nicht nur dein Selbstbe-wusstsein, sondern kommt auch bei den Mädchen gut an. Au-ßerdem musst du dann nicht deine Kollegen und Kolleginnen damit nerven, ständig nach den Hausaufgaben zu fragen, son-dern du wirst selbst zu einer gefragten, unabhängigen Person.

# GEFÜHLE UND GEDANKEN

Das Gehirn von Jugendlichen unterliegt in der Pubertät einer umfassenden Entwicklung. Es wird quasi vom Kindergehirn in ein Erwachsenengehirn *umgebaut*. Begleiterscheinungen davon können z.B. Stimmungsschwankungen oder Impulsivität sein. Gefühle werden von Teenagern in diesem Alter als extremer wahrgenommen als vorher und positive Gefühle können sich mit negativen Gefühle schnell abwechseln. Zudem wird im Teenageralter das *Schlafhormon Melatonin* immer später ausgeschüttet, was dafür sorgt, dass Jugendliche oft abends hellwach sind, während dem sie am Morgen große Mühe haben, aus dem Bett zu kommen.[6] Unser Schulsystem trägt diesem Umstand keine Rechnung und der Schulalltag startet zu einer Zeit, in der Jugendliche rein biologisch betrachtet noch gar nicht richtig arbeitsfähig sind. Durch diesen ständigen Jetlag leiden viele Teenager unter chronischem Schlafmangel und sind dementsprechend, v.a. am Morgen, oft missgelaunt. Zudem fängt der männliche Körper in der Pubertät an, **Testosteron** zu produzieren. Dieses Hormon kann dazu führen, dass Jungs impulsiv werden und viel Kraft verspüren. Oft ist diese Kraft gar nicht so einfach zu kontrollieren und sie kann sich in der Familie, im Freundeskreis oder in der Schule entladen, was häufig zu Konflikten führt.

Gleichzeitig mit dieser biologischen Umstellung im Gehirn entwickeln sich Jugendliche auch stark in der Persönlichkeit. Sie hinterfragen sich selber und andere viel mehr, setzen sich mit ihrer sexuellen und beruflichen Identität auseinander und lösen sich von den Eltern emotional immer stärker ab. Manchmal kann sich das Leben als Teenager grau, traurig, einsam oder betrübt anfühlen.

---

**Vorurteile über männliche Gefühle**

„Männer weinen nicht", „Männer sind unsensibel" und „Männer müssen stark sein" sind alles Vorurteile, die überhaupt nicht zutreffen. Männer verfügen über genau die gleichen Emotionen wie Frauen. Aber sie sprechen oft weniger darüber, um sich nicht als „schwach" zu zeigen.

---

Jungs unter sich sprechen relativ selten über schwierige Gefühle, aus dem Reflex heraus, sich gegenüber anderen stark zu zeigen. Dies hat mit dem Männerbild in unserer Gesellschaft zu tun, wonach Männer *weniger sensibel* als Frauen sind und ihre Probleme eher alleine lösen (siehe das Kapitel „Männlichkeit"). Auch den Eltern wollen sie diese Gefühle nicht zumuten. Dies führt dazu, dass sich viele junge Männer mit ihren Gefühlen alleine gelassen fühlen und den Eindruck haben, nicht männlich genug zu sein, wenn sie Trauer oder Verzweiflung spüren.[7] Die Entscheidung, mit Gefühlen und Gedanken alleine zu bleiben, kann ganz schön einsam machen und dazu führen, dass man negative *Gefühle in sich hineinfrisst.* Doch wie geht man am besten mit negativen Gedanken und Gefühlen um?

## WIE HÄNGEN GEDANKEN UND GEFÜHLE ZUSAMMEN?

Um mit schwierigen Gedanken und Gefühlen umgehen zu können, ist es hilfreich, zu wissen, dass sich Gefühle (Emotionen) und Gedanken gegenseitig beeinflussen. Oft ist es nicht möglich, zu sagen, ob ein angenehmes Gefühl von einem Gedanken herkommt oder ob ein gutes Gefühl der Grund für einen schönen Gedanken ist. Genau so verhält es sich mit unangenehmen Gefühlen.

## GEDANKEN UND GEFÜHLE WENIGER ERNST NEHMEN?

Wir Menschen sind dank unseres hochentwickelten Gehirns Weltmeister darin, Gefahren zu erkennen und vorauszusehen. Diese Fähigkeit hilft dem Menschen seit tausenden von Jahren darin, seine Außenwelt zu kontrollieren und zu überleben. Gleichzeitig sind wir Menschen aber auch eine Art *Opfer* unserer eigenen Gedanken, denn ganz viele von ihnen sind auf irgendeine Art und Weise negativ gefärbt und beschäftigen sich mit möglichen Gefahrenszenarios.[8] Sie halten uns davon ab, uns auf die schönen Dinge des Lebens im Hier und Jetzt zu konzentrieren. Zudem helfen sie uns oft überhaupt nicht weiter.

Es gibt aber auch Gedanken und Gefühle, die dir etwas sagen wollen. Unangenehme Gefühle und damit verbundene negative Gedanken sind manchmal ein Weg deines Körpers, dir zu zeigen, dass du etwas verändern sollst. Wie eine Warnleuchte bei einem Auto dem Fahrer signalisiert, er soll den Motor checken, zeigen dir deine Gefühle, dass du etwas in deinem Leben überprüfen sollst. Etwas anders ausgedrückt: Negative Gefühle zwingen dich, etwas genauer anzuschauen und zu verändern, und sind deshalb wichtig für die Entwicklung deiner Persönlichkeit.

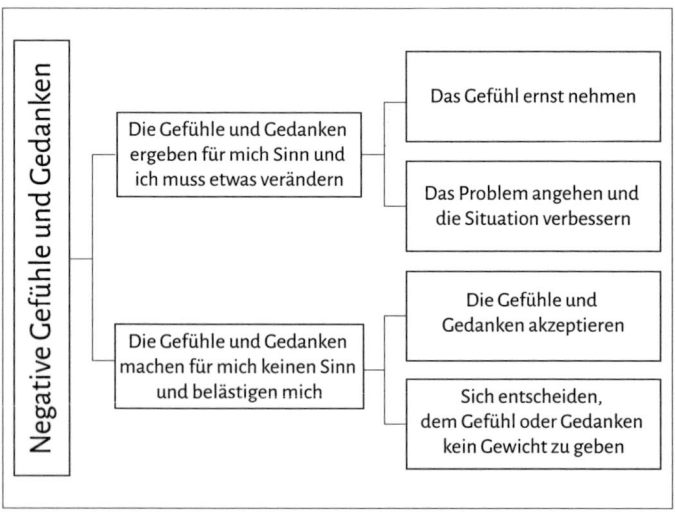

Es gibt also zwei Arten von unangenehmen Gefühlen und Gedanken: solche, die dich *weiterbringen,* und solche, die dich nur **belästigen**. Die Kunst ist, diese beiden Arten von Gefühlen voneinander zu unterscheiden. Ein gutes Bild dafür ist der Posteingang deines E-Mail-Accounts. Es gibt E-Mails, die Sinn machen und sich konkret auf dich und deine Situation beziehen, und E-Mails, die dich einfach belästigen (Spam) und welche du vielleicht schon kennst, nicht bestellt hast und gar nicht lesen willst.

## DAS GEHIRN IST WIE EIN RADIO

Versuch doch mal, an „nichts" zu denken. Du wirst merken, dass das gar nicht so einfach ist und *da oben* ständig etwas läuft. Es ist auch nicht möglich, den Inhalt dessen zu bestimmen, was gedacht wird. Denk doch mal *nicht* an einen rosaroten Elefanten. – Siehst du!

Die zwei Prinzipien „Es läuft immer etwas" und „Inhalte sind unkontrollierbar" erinnern an ein Radio, das rund um die Uhr läuft. Manchmal ist es ganz leise, manchmal etwas lauter. Oft bringt es ganz sinnvolle Inhalte und hie und da auch einfach ein total nerviges Programm. Du kannst das Radio zwar nicht ausschalten – aber du kannst es leiser drehen oder den Sender wechseln. Du kannst es ebenso ignorieren, denn du musst nicht alles mögen, was dir vorgespielt wird, und du bist auch nicht für jede Sendung verantwortlich.

Du bist der Zuhörer deiner eigenen Gedanken. Die Gedanken kommen zwar von dir, aber sie werden „einfach so" produziert und es ist nicht schlimm, wenn du Dinge denkst, mit denen du als Person nicht einverstanden bist oder die dir sogar Angst machen. Du alleine entscheidest nämlich, welche Gedanken für dich Sinn machen und welche nicht, und kannst dich aktiv entscheiden, auf einen Gedanken einzugehen oder ihn vorbeiziehen zu lassen.

*Fallbeispiel: Luca*_____

*Luca ist 15 Jahre alt. Wenn er nachts im Bett liegt, schwirren ihm ganz viele unangenehme Gedanken im Kopf herum. Luca hat sich entschieden, diese Gedanken aufzuschreiben, um sie genauer zu betrachten, was ihn einiges an Mut kostet:*

1. *Mögen mich meine Freunde wirklich oder tun alle nur so?*
2. *Etwas stimmt nicht mit mir.*
3. *Was ist, wenn ich in der Schule versage?*
4. *Morgen wird sicherlich wieder ein stressiger Tag.*
5. *Woher kommen diese Schmerzen im Arm?*
   *Bin ich vielleicht unheilbar krank?*

*Als Luca seine Gedanken näher betrachtet, merkt er, dass ihm vor allem die Gedanken 1 bis 4 überhaupt nichts bringen und eigentlich gar keinen Sinn machen. Es scheint sich eher um ein „Radioprogramm" zu handeln. Bei Gedanke Nr. 5 merkt Luca, dass er lange nicht mehr beim Arzt war, und beschließt, einen Arzttermin auszumachen, um sicherzugehen, dass alles okay ist. In der nächsten Nacht realisiert Luca, dass eigentlich jeden Abend in seinem Gehirn derselbe Radiosender läuft. Es ist wirklich interessant, zu beobachten, wie hartnäckig sich dieses Radioprogramm in seinem Kopf hält. Er entscheidet sich dafür, ruhig zu bleiben, darauf einfach nicht einzugehen und stattdessen an etwas anderes zu denken (z.B. seinen Schwarm Céline). Nach einigen Tagen verschwinden die unangenehmen Gedanken. Der Arzttermin war eine gute Entscheidung. Luca ist kerngesund und die Schmerzen sind von alleine weggegangen.*

---

## GEFÜHLSMANAGEMENT: GEFÜHLE AUSDRÜCKEN, GEDANKEN AUSSPRECHEN

Schwierige Gedanken und Gefühle können dich ganz schön nerven und runterdrücken. Je mehr man versucht, ein Gefühl oder einen Gedanken *wegzuschieben*, desto stärker kommen sie zurück. So kannst du in einen Teufelskreis gelangen, aus dem es schwierig ist, selber wieder herauszufinden. Versuche nicht, Gefühle und Gedanken loszuwerden, sondern mache sie fassbar und gib ihnen „Titel". Versuche deine Gefühle aufzuschreiben, sie gegenüber jemand anderem auszusprechen oder male ein passendes Bild zu deinem Innenleben. Texte und Bilder kann man anfassen, vorlesen, wegschließen oder verbrennen. Das *Fassbarmachen* deines Innenlebens kann dir helfen, dich von deinen Gedanken und Gefühlen zu distanzieren und zu befreien. Mit der Zeit wird es immer einfacher für dich werden, diese „Radiosendungen" und „Gedankenprogramme" sofort zu erkennen und z.B. zu sagen: *„Ach, jetzt läuft wieder Radio-Katastrophe."*

| Umgang mit lästigen Gedanken ||
|---|---|
| 1. | Versuche nicht, den Gedanken loszuwerden, sondern versuche ihn zu beobachten und zu akzeptieren. Je kräftiger du dich gegen ihn stemmst, desto mehr „drückt" er zurück. Gehe nicht in den Kampf, sondern in die Akzeptanz. |

| 2. | Gib dem Gedanken einen „Titel". Versuche ihn aufzuschreiben oder zu zeichnen. |
|---|---|
| 3. | Werde dir bewusst, du *bist* nicht dieser Gedanke, du *hast* ihn bloß. Du bist auch nicht das Gefühl, das dieser Gedanke mit sich bringt, sondern du spürst es bloß. |
| 4. | Mach etwas, was dir Spaß macht, guttut oder deinen Werten entspricht und kehre so zurück zu dem, was für dich wirklich wichtig ist. |

## WENN ES DIR MAL WIRKLICH SCHLECHT GEHT

Wer verhält sich erwachsener: derjenige, der ein Problem hat und es mit aller Kraft zu ignorieren versucht, oder derjenige, der der unangenehmen Tatsache, nicht weiterzukommen, in die Augen schaut und sich Hilfe holt? Natürlich gibt es kleinere Probleme, die von alleine wieder verschwinden, wenn man ihnen keine Beachtung schenkt. Aber wenn dich ein Gefühl, ein Gedanke oder ein Problem wirklich über längere Zeit plagt, solltest du dich dazu entscheiden, etwas dagegen zu tun.

> Sich einzugestehen, dass man Schwierigkeiten hat, ist viel erwachsener, als so zu tun, als ob alles okay wäre. Ein häufiger Grund, weshalb Jungs mit ihren Problemen oft alleine bleiben, ist die Angst, Kollegen oder Eltern mit ihren Gefühlen zu belasten oder als „nicht männlich" betrachtet zu werden.

Sich Hilfe holen heißt, für sich selber Verantwortung zu übernehmen und sich ernst zu nehmen und ist männlicher und erwachsener, als einfach so zu tun, als gäbe es kein Problem.

Wenn du – egal ob emotional oder sonst irgendwie – einmal tief in der Klemme steckst, entscheide dich dafür, Selbstverantwortung zu übernehmen und dir Hilfe zu holen. Dabei spielt es eigentlich gar nicht so eine große Rolle, ob du dich an Eltern, ältere Geschwister, Lehrer/-innen oder Sporttrainer/-innen wendest, sondern eher die Tatsache, dass du den Schritt machst, jemand anderen mit einzubeziehen. Wenn du die Befürchtung hast, andere mit deinen Problemen zu belasten, solltest du dir die Frage stellen, ob es für dich belastend wäre, wenn dir ein guter Freund seine Innenwelt anvertrauen würde. Die meisten Jugendlichen und Eltern empfinden es nicht als belastend, wenn ihnen jemand schwierige Gefühle anvertraut. Viele fühlen sich durch das Vertrauen sogar geehrt und sind gerne bereit, zuzuhören und zu helfen.

# FREUNDSCHAFT

Für Jugendliche in deinem Alter wird der Freundeskreis immer wichtiger. Der Wunsch, gemeinsame Zeit mit Freunden zu verbringen, Freundschaften zu pflegen und neue Leute kennen zu lernen, wird immer größer. Auf einmal ist es nicht mehr so wichtig, Dinge mit der Familie zu unternehmen, und es nervt, wenn die Eltern ständig Ausflüge machen wollen. Viele Jungs in deinem Alter fühlen sich von Gleichaltrigen einfach mehr akzeptiert und verstanden. Das ist ganz normal und auch okay so. Doch manchmal gibt's mit dem Freundeskreis auch Stress — oder es ist überhaupt schwierig, Leute zu finden, die zu einem passen. Dieses Kapitel beschreibt ein paar Dinge, die für das Thema Freundschaft wichtig sind.

# DER FREUNDESKREIS VERÄNDERT SICH

Der Freundeskreis verändert sich über das ganze Leben. Früher als Kind waren wahrscheinlich vor allem die Leute mit dir befreundet, die dir geografisch gesehen nahe waren oder mit denen du in der Schulklasse oder Parallelklasse warst. Je älter man wird, in desto mehr *soziale Kreise* gelangt man und desto mehr Leute mit ähnlichen Interessen lernt man kennen. Generell ist es so, dass je älter man wird, desto stärker gemeinsame Einstellungen und Interessen statt geografische Nähe darüber entscheiden, ob man befreundet ist. So kann es auch sein, dass du auf einmal vor allem mit Leuten aus der Lehre abhängst oder mit Leuten, die den gleichen Lifestyle haben oder der gleichen Subkultur angehören, während du die Freunde aus der Primarschule oder aus dem Dorf vorerst nicht mehr so häufig siehst. Den anderen geht es vielleicht genau gleich und jeder Kumpel aus der ehemaligen Clique in deinem Dorf geht erst mal seinen eigenen Weg.

---

### Freundschaft und Geheimnisse

Es gibt verschiedene Arten von Geheimnissen: Geheimnisse, die sich gut anfühlen, und belastende Geheimnisse. Erzählt dir jemand aus deinem Freundeskreis etwas Belastendes wie z.B.: „Ich ritze mich, aber erzähl es bitte niemandem», kannst du in einen inneren Konflikt geraten. Entscheide selber, was du bereit bist, geheim zu halten, und was nicht. Manchmal ist es besonders zwischen guten Freunden auch richtig, etwas <u>nicht</u> geheim zu halten, um andere zu schützen.

---

# ECHTE FREUNDSCHAFT

Natürlich ist es enorm wichtig, zu merken, auf wen man sich verlassen kann und auf wen nicht. Hierbei spielt weniger die Dauer der Freundschaft als *die Art der Freundschaft* eine große Rolle. Achte darauf, dass du Beziehungen gestaltest, die auf *Gegenseitigkeit* beruhen, d.h. dass nicht du ständig derjenige bist, der sich bei den anderen meldet, sondern dass das Verhältnis etwa ausgewogen ist. Falls du immer derjenige bist, der nachfragt, ob ihr euch treffen wollt – versuch doch einfach mal, dich weniger zu melden, und schau, was zurückkommt, oder sag deinen Freunden, du würdest dich freuen, wenn sie sich auch mal bei *dir* melden würden. Umgekehrt: Wenn du merkst, dass sich deine Freunde um dich bemühen, solltest du nicht davor zurückschrecken, dich auch mal zu melden und nachzufragen, wie es bei deinen Kumpels so läuft.

# FREUNDSCHAFT ÜBERS SMARTPHONE

Achte darauf, deine Freunde regelmäßig zu treffen, statt nur mit ihnen zu chatten. Es lohnt sich wirklich, Zeit zu investieren und Freundschaften zu pflegen. Denn der Kontakt über soziale Medien ist häufig sehr kurz angebunden und oberflächlich. Außerdem kann es über den Chat sehr oft Missverständnisse geben. Vielleicht kennst du das, wenn dir jemand nur knapp – oder gar nicht zurückschreibt? Hat die Person dich vielleicht vergessen oder hat sie ihre Meinung über dich geändert? Solche Irritationen erlebst du viel seltener, wenn du mit einer Person direkt ein Gespräch führst, denn du verstehst viel eher, woran du bei jemandem bist, wenn du zum Inhalt des Gesagten zusätzlich die Infos aus Gestik und Mimik hast.

| **FOMO – Fear of missing out** |
| --- |
| Viele Jugendliche haben die Angst, ausgeschlossen zu werden, wenn sie nicht ständig über soziale Medien mit ihren Freunden verbunden sind. Diese Angst ist meist unbegründet, führt jedoch bei vielen Jugendlichen zu großem Stress. |

Ein wichtiger Punkt an der Freundschaftspflege über soziale Medien ist das Wissen darüber, dass viele Jugendliche Angst haben, etwas Wichtiges zu verpassen. Da das eigene soziale Netz über die sozialen Medien ständig aktiv ist, kann man sehr rasch das Gefühl bekommen, ausgeschlossen zu sein oder nicht alles mitzukriegen, wenn man eine Weile offline ist.[9] Dabei ist es überhaupt nicht wichtig, zu jedem Thema ständig irgendetwas sagen zu können oder jeden Witz und jedes Meme mitzubekommen. Viel wichtiger ist es, präsent zu sein, wenn man sich offline trifft.

## JA-SAGER SIND NICHT IMMER BELIEBT

Genauso, wie du wissen willst, woran du bei anderen bist, ist es auch wichtig, deinen Freunden zu zeigen, was du denkst, damit sie wissen, woran sie bei dir sind. Leute, die eine klare eigene Meinung vertreten und auch mal nein sagen, sind sympathischer und berechenbarer als Menschen, die einfach zu allem ja sagen, um „dabei zu sein". Dein Bauchgefühl wird dir dabei helfen, zu erkennen, wann du nein sagen musst. Die Qualität, im richtigen Moment nein sagen zu können, bringt dir von den anderen garantiert viel Respekt. Außerdem bist du mit deinem Gegenüber viel stärker in Kontakt, wenn du dich entsprechend deinen Werten verhältst, dazu stehst, was du fühlst, und danach handelst.[10]

## GEHE DEINEN WEG UND SCHAU, WER MITKOMMT

Vor 10 000 Jahren war es sehr gefährlich, *nein* zu sagen und somit aus der Reihe zu tanzen. Es drohte der Ausschluss aus der Gemeinschaft, was einem Todesurteil gleichkam. Der Reflex, möglichst *niemandem auf die Füße zu treten und allen zu gefallen*, ist deshalb tief in unseren Genen verankert. Daher braucht es viel Übung, auf sein Bauchgefühl zu hören und im richtigen Moment *nein* sagen zu können.

Heute leben wir in einer Gesellschaft, in der die Menschen so unterschiedlich sind, dass es gar nicht möglich ist, allen zu gefallen. Versuche es deshalb gar nicht erst, denn das gelingt dir sowieso nicht. Konzentriere dich viel mehr darauf, für dich zu spüren, welche Entscheidungen sich für dein Leben richtig anfühlen und welche nicht. Gerade dann, wenn du wenige

Freunde hast, ist es wichtig, auch mal seinen eigenen Weg gehen zu können, anstatt krampfhaft zu versuchen, anderen zu gefallen. Wenn du danach handelst, was du fühlst, wirst du zudem viel mehr als eigenständige Persönlichkeit betrachtet werden und erhältst viel Respekt.

---

### Kannst du Gedanken lesen?

---

Nein? Na, dann verschwende keine Zeit und Kraft damit, in andere hineinsehen zu wollen, um zu überprüfen, ob jemand irgendetwas, was du gesagt oder getan hast, falsch oder unsympathisch finden könnte. Gehe davon aus, dass – solange niemand auf dich zukommt – niemand ein Problem mit dir hat. Und wenn jemand ein Problem mit dir haben sollte und nicht auf dich zukommt, ist das nicht deine Schuld.

# SEXUALITÄT

## SEXUELLE ORIENTIERUNG

Zu welchem Geschlecht fühlst du dich eher hingezogen? Zu Frauen oder zu Männern? Beides ist völlig normal, auch wenn das immer noch nicht überall durchgedrungen ist. In Deutschland hat ca. jeder zehnte Jugendliche im Alter von 13 bis 19 Jahren homosexuelle Erfahrungen gemacht.[11] Homosexualität gibt es nicht nur bei Menschen – auch im Tierreich ist sie weit verbreitet. Hast du gewusst, dass es schwule Pinguine, Delfine und Schnecken ebenso wie lesbische Affen und Zebras gibt?[12] Warum also sollte schwul oder lesbisch sein nicht auch bei Menschen total normal sein?

Menschen sind in ihrer Sexualität sehr unterschiedlich. Einige stehen auf ältere oder jüngere Partner, andere auf dunkelhaarige oder blonde, wiederum andere auf männliche oder auf weibliche. Auch sind die sexuellen Vorlieben von Menschen selten ganz klar. Es gibt viele homosexuelle Menschen, die heterosexuelle Anteile haben, wie es auch viele Heteros mit homosexuellen Anteilen gibt. Du bist also nichts Besonderes, nur weil du auf Männer oder auf Frauen stehst. Menschen wollen andere *einordnen* und selber *eingeordnet werden*. Doch ist dieses Schubladendenken wirklich nötig?

Dieses Kapitel ist zwar primär für Jungs geschrieben, die sich eher für Mädchen interessieren. Aber auch Jungs, die sich eher zu Jungs hingezogen fühlen oder nicht so recht wissen, wie ihre sexuelle Ausrichtung ist, können dieses Wissen gut gebrauchen.

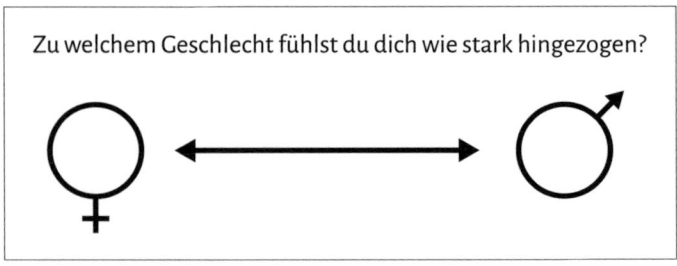

*Alle Menschen befinden sich irgendwo links, rechts oder in der Mitte dieser Skala.*

# FRAUEN UND MÄNNER SIND UNTERSCHIEDLICH

Frauen sind für Männer schwierig zu verstehen: *Warum gehen sie immer zu zweit zur Toilette? Warum sind immer alle Mädchen in denselben Jungen verliebt? Weshalb kommunizieren Mädchen manchmal so kompliziert?* Der große Denker und Psychoanalytiker Sigmund Freud brachte es ca. 1920 treffend auf den Punkt:

„Die große Frage, die ich trotz meines dreißigjährigen Studiums der weiblichen Seele nicht zu beantworten vermag, lautet: was will eine Frau eigentlich?"

Kurz gesagt: Es ist normal, dass Jungs und Mädchen anders ticken. Wir Männer sind für die Frauen übrigens ebenso ein Rätsel, wie sie für uns (*Warum lassen Männer immer die Zahnpastatube offen?*). Das Tolle daran ist, dass die Unterschiedlichkeit von Mann und Frau Liebesbeziehungen erst so richtig spannend und lebendig macht!

# WENN ES UM SEX GEHT,
## WERDEN VIELE MÄRCHEN ERZÄHLT

Frauen und Männer haben biologisch betrachtet eine jeweils etwas andere Rollenverteilung. Eine Theorie[13] besagt, dass die Sexualität von Frauen und Männern deshalb so unterschiedlich sei, weil Frauen schwanger werden können, somit für eine lange Zeit an den eigenen Nachwuchs gebunden sind und davon abhängig sind, vom Vater der Kinder versorgt zu werden, während Männer rein biologisch betrachtet parallel mehrere Nachkommen zeugen können. Deshalb sind Frauen grundsätzlich eher wählerisch und es ist normal, dass nicht jedes Mädchen gleich mit jedem ins Bett springt.

> Lass dich nicht unter Druck setzen
> und glaube nicht alles,
> was erzählt wird.

Vielleicht hörst du viele Geschichten, von Jungs oder Mädchen, von abenteuerlichen Sexgeschichten mit unterschiedlichen Partnern etc. Wenn du selber dein erstes Mal noch vor dir hast, kann dich das ganz schön unter Druck setzen. Sei dir einfach bewusst, dass lange nicht alles, was in deinem Freundeskreis so erzählt wird, auch stimmen muss. Gerade beim Thema Sexualität wird viel gebluftt und geflunkert. Tatsache ist, dass 31 Prozent aller Jungs ihr erstes Mal mit 19 Jahren oder älter erleben.[14] Auch das ist völlig normal.

Wenn du dein erstes Mal noch vor dir hast und in deinem Freundeskreis zu viel Druck in Bezug auf Sexualität erlebst, kannst du dich dazu entscheiden, dein Sexualleben zu deiner Privatsache zu erklären.

*Das erste Mal Sex, nach Alter und Geschlecht in Prozent (angelehnt an eine Studie der Bundeszentrale für gesundheitliche Aufklärung zum Thema Jugendsexualität aus dem Jahr 2015).*

## AUF WAS MÄDCHEN ACHTEN

Natürlich sind Frauen – genauso wie Männer – alle unterschiedlich. Was der einen Frau gefällt, kann für die andere eher unattraktiv sein. Dennoch gibt es allgemeine Tendenzen, was Frauen an Männern schätzen, die dir als Orientierung dienen können.

## WAS JUNGE FRAUEN BERICHTEN

Viele junge Frauen berichten, dass es für sie wichtig sei, umworben zu werden. Sie möchten merken, dass ein Mann ihnen nichts vorspielt und etwas Besonderes in ihnen sieht. Deshalb geben sich junge Frauen auch nicht mit billigen Anmachsprüchen zufrieden.

Sie wollen sich von einem jungen Mann ernst genommen und verstanden fühlen und achten sehr darauf, ob er ein intelligentes Gespräch führen und ihnen zuhören kann.

| Cynthia, 14 Jahre |
| :---: |
| „Mir gefallen Jungs, die einen eigenen Style haben und selbstbewusst sind. Es ist mir wichtig, dass ein Junge nett zu mir ist und mich nicht verarscht." |

Ebenso achten viele Mädchen sehr auf die körperliche Erscheinung eines Jungen, denn diese sagt viel über die Einstellung zu sich selber aus. Mädchen lieben es, wenn ein Junge eine gepflegte Erscheinung hat und ein gesundes Selbstbewusstsein ausstrahlt. Ebenso schätzen Mädchen es sehr, wenn ein Junge sie zum Lachen bringen kann.

# MÄNNLICHE ATTRAKTIVITÄT AUS
# EVOLUTIONSPSYCHOLOGISCHER SICHT

---

### Evolutionspsychologie

Diese Wissenschaft versucht unser heutiges Verhalten anhand unserer Vorfahren zu erklären. Sie basiert auf den Erkenntnissen der Evolutionstheorie von Charles Darwin.

---

Das Aussehen des Mannes spielt bei der Partnerwahl aus Sicht der Frau meist nicht die Hauptrolle. Biologisch betrachtet, interessiert es Frauen mehr, ob der Mann sie mit *Nahrung versorgen* und ihr *Sicherheit* bieten kann. Die Wissenschaft hat einige Punkte herausgefunden, auf was Frauen generell achten.[15]

- *Wirtschaftliche Ressourcen.* Ist ein Mann finanziell unabhängig? Verdient er sein eigenes Geld? Ist er bereit, mich auch mal einzuladen?
- *Sozialer Status.* Welche Rolle spielt der Mann in der Gruppe? Ist er eher Anführer oder Mitläufer?
- *Alter.* Ist er gleich alt oder ein wenig älter als ich?
- *Ambitionen.* Möchte dieser Mann Karriere machen? Hat er einen Beruf, der ihm gefällt?
- *Verlässlichkeit.* Kann man diesem Mann vertrauen? Ist es einer, der richtig lieben kann, oder einer, der gleich wieder abhaut?
- *Intelligenz.* Kann man mit ihm diskutieren? Macht er intelligente Überlegungen?
- *Passung.* Passt dieser Mann charakterlich und optisch zu mir?

- **Körperliche Merkmale.** Ist der Mann groß und stark? Hat er breite Schultern, an die man sich anlehnen kann? Kann er mich verteidigen?

Bedenke nochmals, dass diese Infos mehr als Idee und Orientierung zu verstehen sind. Denn alle Frauen sind unterschiedlich – genauso wie Männer.

# WENN ES ZUR SACHE GEHT

## SEX UND LEISTUNG

Die Frage danach, ob jemand „gut im Bett" ist, ist keine Frage der Leistung, sondern eine Frage danach, ob man sich auf den Partner und auf sich selber einstellen kann. Ist dies der Fall, entsteht guter Sex automatisch und du wirst als „gut im Bett" wahrgenommen. Guter Sex hat nichts damit zu tun, jemanden in möglichst kurzer Zeit zum Orgasmus zu bringen oder zu beeindrucken. Wenn du einem Mädchen körperlich näherkommst, ist es das Wichtigste, den Sex zu genießen. Mach dir ja keinen Stress. Im Gegensatz zu Schule und Beruf ist Sexualität ein Bereich, wo Leistungsdenken fehl am Platz ist. Leistungsdenken in der Sexualität führt dazu, dass man sich selber und seine eigenen Bedürfnisse aus den Augen verliert und keinen Spaß hat. Finde einfach heraus, was dir und was ihr gefällt. Versuche, mit der Aufmerksamkeit 50 Prozent bei dir und 50 Prozent bei ihr zu sein, dann werdet ihr guten Sex haben.

# VERHÜTUNG

Ja – bereits einmal Sex ohne Kondom reicht aus, um schwanger zu werden! Verhütung und Schwangerschaft sind keine Frauenthemen. Hier ist es wichtig, dass du deine *Verantwortung* übernimmst und dich und deine Partnerin vor einer ungewollten Schwangerschaft schützt. Wenn du etwas über Verhütung wissen musst: Informiere dich im Internet oder frag jemanden, der Bescheid weiß. Eine einfache und sichere Verhütungsmethode sind Kondome. Verwendet ihr Kondome korrekt, braucht ihr euch keine weiteren Gedanken über Schwangerschaft und Geschlechtskrankheiten zu machen. Wenn ihr euch bei der Verhütung sicher fühlt, trägt dies viel dazu bei, den Sex noch besser genießen zu können.

# SO FINDEST DU EINE FREUNDIN

„Wenn man jemanden sucht, findet man sowieso niemanden!" –
Diesen Spruch hast du vielleicht schon gehört. Eigentlich ist
das ziemlicher Unsinn. Hast du schon mal eine Fußballmann-
schaft gesehen, die nach dem Motto spielt: „Wenn wir versuchen, ein Tor zu schießen, gelingt es sowieso nicht"? Die richtige
Partnerin zu finden ist eine Frage von *Strategie* und *Verhalten*.
Diese Faktoren kannst du definitiv beeinflussen und somit
deine Chancen, eine Freundin zu finden, erhöhen.

| Strategien | Verhalten |
|---|---|
| Realistische Selbstein-schätzung<br><br>Wen suche ich?<br><br>Wo suche ich?<br><br>Wie suche ich? | Wie komme ich ins Gespräch?<br><br>Wie verhalte ich mich im Gespräch?<br><br>Woran merke ich, dass sie interessiert ist?<br><br>Gos und No-Gos<br><br>Wie gehe ich mit Niederlagen um? |

*Eine Freundin zu finden ist das Resultat von der richtigen Strategie und geschicktem Verhalten.*

# STRATEGIE

## WEN SUCHE ICH ?

Zuerst mal sollst du dir darüber klarwerden, was du überhaupt möchtest. Möchtest du eher ein Abenteuer erleben oder eine längerfristige Beziehung? Oder bist du offen für alles? Suchst du eher ein Topmodel, das auch von allen anderen Jungs begehrt wird, sodass du Gefahr läufst, abgewiesen oder enttäuscht zu werden, oder bist du auch zufrieden mit einer durchschnittlich attraktiven Frau und achtest vor allem darauf, dass es charakterlich passt?

## REALISTISCHE SELBSTEINSCHÄTZUNG

Welche Frau passt zu dir? Um diese Frage zu beantworten, ist es wichtig, dass du dir ein genaues Bild von dir machst und über verschiedene Punkte klar wirst. Neben der charakterlichen Selbsteinschätzung ist auch – zumindest fürs Kennenlernen von Frauen – eine optische Selbsteinschätzung von dir hilfreich. Wenn du beispielsweise einen Style hast und dich pflegst, kann dies das Kennenlernen von Frauen vereinfachen.

## WO SUCHE ICH?

Die Chance, dass die Richtige vom Himmel fällt, ist eher klein. Also nimm dein Schicksal selber in die Hand und versuche die Wahrscheinlichkeit, Mädchen kennen zu lernen, zu erhöhen. Am besten kannst du dies machen, indem du gezielt Situationen suchst, wo es wahrscheinlich ist, Mädchen in deinem Alter zu begegnen. Dies kann beispielsweise ein Sportclub, eine Bar, eine Onlineplattform oder eine Theatergruppe sein. Was denkst du wohl, wo gibt es am ehesten Mädchen, die sich für dich interessieren könnten?

## WIE SUCHE ICH?

Suchst du alleine oder möchtest du die Hilfe deiner Freunde in Anspruch nehmen? Traust du dich, in einer passenden Situation jemanden anzusprechen, oder würde es dir helfen, deine Jungs dabeizuhaben, damit sie dich moralisch unterstützen?

## Realistische Selbsteinschätzung:

Was kann ich einem Mädchen bieten?

_____

_____

_____


Bin ich bereit für die Partnersuche und den damit verbundenen Aufwand?

_____


Bin ich gepflegt?

_____


Kann ich mein Äußeres positiv beeinflussen, z.B. meinen Style
verändern oder mehr Sport machen? (Frag hier am besten ein
paar Mädchen aus deinem Freundeskreis.)

_____

_____

_____


Bei welcher Art von Frauen komme ich wohl am besten an?

_____

_____

_____


Bin ich bereit für das Risiko, abgewiesen zu werden?

_____

**Meine Strategie:**

Wen suche ich?

_____

_____

Wo suche ich?

_____

_____

Wie suche ich?

_____

_____

# VERHALTEN

Stundenlang hast du dir überlegt, wie du eine Freundin findest, und jetzt steht sie auf einmal vor dir! Alles an ihr gefällt dir. Vielleicht habt ihr schon Blickkontakt gehabt. Du musst sie einfach ansprechen. Aber es fehlt dir der Mut und du wirst auf einmal total unsicher. Jetzt ist es wichtig, einen kühlen Kopf zu bewahren und möglichst authentisch zu bleiben.

## WIE KOMME ICH INS GESPRÄCH?

Wenn du nicht gerade zu dem einen Prozent der Männer gehörst, die so gut aussehen, dass ihnen die Herzen nur so zufliegen, ist es wahrscheinlich, dass eher du den ersten Schritt machen musst, wenn du eine Freundin finden willst. Trotz

Gleichberechtigung von Mann und Frau ist es nämlich oft so, dass Frauen erwarten, von den Männern angesprochen zu werden. Bei diesem ersten Schritt ist es wichtig, locker zu bleiben. Das Ansprechen eines Mädchens ist am einfachsten und erfolgreichsten, wenn du über ein **Eintrittsticket** verfügst.

Mit Eintrittsticket ist eine *Gemeinsamkeit* zwischen dir und dem Mädchen gemeint. Vielleicht hast du dieselbe Schuhmarke an wie sie. Oder du kennst ihr Parfum. Sie hat ein Tattoo mit einem Symbol, das du kennst? Sie trinkt dasselbe Getränk wie du? Sie hat ein T-Shirt deiner Lieblingsband an? Sie wohnt in deinem Nachbardorf und ihr kennt eine gemeinsame Freundin? Such dir irgendetwas aus! Wenn du keine Gemeinsamkeit findest, kannst du auch die Frage nach einer Gemeinsamkeit stellen, z.B.: „Du siehst so aus, als ob du auch gerne Rap hörst", oder: „Ist das ein T-Shirt der Marke XY?"

## WIE VERHALTE ICH MICH IM GESPRÄCH?

Du hast sie endlich angesprochen und nun stehst du da und weißt nicht mehr, was du sagen sollst? Stell einfach eine Frage und zeige Interesse, anstatt das Mädchen vor dir mit langweiligen Smalltalk-Themen zuzuquatschen. Frauen mögen es sehr, wenn man sich für sie interessiert und ihnen zuhört. Erzähle auch von dir, aber vermeide es, anzugeben oder dich als jemanden darzustellen, der du nicht wirklich bist.

## WORAN MERKE ICH, DASS SIE INTERESSIERT IST?

Dass sich ein Mädchen für dich interessiert, erkennst du z.B. an folgenden Anzeichen:
- Sie fasst dir leicht an den Arm.
- Sie lächelt ständig.
- Sie stellt interessiert Fragen.
- Sie findet dich lustig.
- Sie macht dir Komplimente.

Überprüfe, ob es klare Anzeichen dafür gibt, dass du nicht willkommen bist. Klare Anzeichen für Desinteresse wären z.B.:
- Sie läuft weg.
- Sie wendet sich von dir ab.
- Sie holt das Smartphone aus der Tasche.
- Sie spricht dauernd von ihrem Freund.
- Sie gähnt ständig.
- Sie spricht ständig mit einer anderen Person.
- Sie antwortet dir nur einsilbig, kurz und knapp.

In einem solchen Fall wäre es wohl besser, sich höflich zu verabschieden und auf eine nächste Gelegenheit zu warten.

Super,
läuft perfekt,
weiter so!

Na ja, mal
schauen, vielleicht
klappt's ja.

Höflich
verabschieden!

*Wie läuft dein Date?*

Gibt es keine klaren Anzeichen dafür, dass du nervst, darfst du natürlich einfach weiterquatschen, auch wenn du nicht sicher bist, ob die angesprochene Person dich mag oder nicht. Vielleicht ist es ja einfach ein nettes Gespräch. Oder es kann sich etwas entwickeln. Auf jeden Fall ist es Aufgabe der angesprochenen Person, dir zu zeigen, ob du sie nervst oder ob du willkommen bist, schließlich kannst du ja keine Gedanken lesen.

Beim Ansprechen einer Person, die dir gefällt, gibt es Verhaltensweisen, die generell gut ankommen, und solche, die eher schlecht ankommen. Hier einige Beispiele, was geht und was nicht geht.

## GOS UND NO-GOS

| Gos | No-Gos |
|---|---|
| Einen freundlichen Eingang ins Gespräch suchen | Einen auswendig gelernten Anmachspruch bringen |
| Ein ernst gemeintes Kompliment | Eine sexistische Bemerkung |
| Aufmerksam und respektvoll annähern (körperlich und sprachlich) | Grenzen austesten, Grenzen überschreiten (körperlich und sprachlich) |
| Sich von der Schokoladenseite zeigen | Lügengeschichten erzählen |
| Einen Drink bezahlen | Sich ausnutzen lassen (z.B. den ganzen Abend über bezahlen) |
| Einen Kuss entstehen lassen | Einen Kuss erzwingen |
| Ein Nein akzeptieren | Bei einem Nein kindisch oder gemein sein |

# WIE GEHE ICH MIT NIEDERLAGEN UM?

Auch wenn du beim Versuch, ein Mädchen anzusprechen, nicht landen kannst – mach dir nichts draus. Das Interesse eines Jungen gegenüber einem Mädchen ist ein Geschenk und wer dieses Geschenk nicht annehmen will, ist selber schuld. Besinne dich darauf, was du einem Mädchen alles bieten kannst. Eine wenig gesunde Arroganz im Sinne von *„Tja, wenn sie mich nicht will, hat sie halt was verpasst"* ist nicht verkehrt.

Auch wenn sich ein Mädchen nicht für dich interessiert – sie wird trotzdem stolz ihren Freundinnen erzählen, dass sie angesprochen wurde, und selbst wenn sie es nicht realisiert, hast du ihr ein positives, bestätigendes Erlebnis geschenkt. Korb hin oder her – darauf darfst du stolz sein.

Selten klappt das „Anmachen" von Mädchen gleich beim ersten Mal. Viele Jungs haben Mühe, solche „Körbe" zu verarbeiten, weil sie sich verunsichern lassen, und doch ist genau dieser Umgang mit Niederlagen dafür entscheidend, ob du langfristig bei den Mädchen Erfolg haben wirst oder nicht. Natürlich gibt es immer Dinge, die man besser machen kann – und auf der anderen Seite bringt es nichts, sich zu ärgern oder sich zu stark zu hinterfragen. Zieh einfach die richtigen Schlüsse, klopf dir selber auf die Schulter, gratuliere dir für deinen Mut und warte auf eine nächste Gelegenheit.

## Fallbeispiel: Justin

*Irgendwie scheint es mit Justin (17) und den Frauen noch nicht so ganz zu klappen. Er hatte noch nie eine Freundin. Früher hat er ein paarmal versucht, Frauen kennenzulernen, ist aber immer in der „Friendzone" gelandet. Ihm fehlt einfach der Mut, sich dafür anzustrengen, es nochmals zu versuchen. Justin fühlt sich Mädchen gegenüber sehr unsicher und dennoch entscheidet er sich eines Tages dafür, genau dies zu ändern.*

*Als Erstes spricht er mit seiner besten Kollegin Stefanie. Sie gibt ihm einige Tipps betreffend sein Äußeres. Justin kauft sich ein paar neue Klamotten, lässt sich die Haare schneiden und geht mit seinem besten Kumpel Sven, der auch Single ist, am Wochenende in die Bar im Nachbardorf. In der Bar sehen sie zwei Mädchen, die ihnen gefallen. Sie entscheiden sich, die beiden anzusprechen – aber wie? Auf einmal kommt Justin die Idee, das eine Mädchen auf den „Nirvana-Patch" auf ihrer Tasche anzusprechen. Justin fühlt sich wie auf dem 10-Meter-Sprungbrett. „Trotz Herzklopfen einfach durchziehen und in den luftleeren Raum springen." Bevor es Justin überhaupt realisiert, ist er von seinem Hocker aufgestanden und hat Blickkontakt mit dem einen Mädchen aufgenommen. Jetzt gibt es kein Zurück mehr. Justin zieht es voll durch. Es entsteht ein nettes Gespräch und Sven kommt auch dazu. Sie stellen sich vor und haben einen tollen Abend. Alle vier tauschen die Nummern aus.*

*Leider hat Nina (15) mit dem Nirvana-Patch bereits einen Freund, aber das macht Justin nichts. Immerhin hat er eine positive Erfahrung gemacht und gemerkt, dass er ganz schön mutig sein kann. Zudem kennt Nina eine ganze Reihe anderer Mädchen aus dem Nachbardorf. Nächste Woche wollen Justin und Sven wieder in diese Bar gehen und ihr Glück erneut versuchen.*

# FAMILIE

Teenager verbringen immer weniger Zeit mit ihren Eltern, die Beziehung zu diesen wird distanzierter und die Anzahl der Konflikte mit den Eltern nimmt zu.[16]

Im Teenageralter werden Freundschaften immer wichtiger. Viele Jugendliche haben einfach keine Lust, ihre Freizeit mit der Familie zu verbringen, weil sie sich im Freundeskreis wohler – und besser verstanden fühlen. Dazu kommt, dass sich Teenager mit zunehmendem Alter stärker eigene Meinungen bilden, die sich von den elterlichen Werten oft stark unterscheiden.

# WARUM DICH DEINE ELTERN SO NERVEN

Was für viele Jugendliche nervig ist, sind die Regeln der Eltern, welche sie oft als *zu eng* empfinden. Beispielsweise legen Eltern Zeiten fest, zu denen Jugendliche am Wochenende zuhause sein müssen, oder sie reglementieren den Umgang mit dem Smartphone. Dies führt oft zu Konflikten in der Familie. Dennoch können Eltern diese Regeln nicht einfach weglassen, weil sie dazu verpflichtet sind, ihre heranwachsenden Söhne und Töchter vor schädlichen Einflüssen zu schützen und sie zu selbstständigen Erwachsenen großzuziehen.

Wenn du selber das Gefühl hast, nicht richtig ernst genommen zu werden oder zu enge Regeln ertragen zu müssen, gibt es einen Weg, deinen Eltern zu beweisen, dass sie dir mehr vertrauen sollten und du mehr Freiheiten verdienst.

## DU WILLST FREIHEIT ? VERDIENE SIE DIR !

Deine Eltern sind zu streng und behandeln dich wie ein Kind? Beweise ihnen, wie erwachsen du bist, indem du dich vernünftig verhältst und entkräfte damit ihr Hauptargument.

Je älter du wirst, desto mehr Freiheit und Eigenverantwortung steht dir zu. Früher oder später kriegst du sowieso, was du willst, denn irgendwann bist du volljährig und kannst die meisten Dinge selber bestimmen. Doch der Weg dahin ist für viele Jugendliche und Eltern schwierig und geprägt von Machtkämpfen und Meinungsunterschieden. In der Regel überschätzen sich

Jugendliche eher darin, wie reif sie sind, während die Eltern die Fähigkeiten der Jugendlichen, Verantwortung zu übernehmen, auch mal unterschätzen können. Deine Eltern prüfen dich ständig und versuchen zu erkennen, mit wie viel Verantwortung du umgehen kannst. Um mehr Freiheit zu bekommen, musst du das Vertrauen deiner Eltern gewinnen.

**Fallbeispiel: Die Eltern von Lorenz sind ungerecht !**

*Lorenz (13) muss jeden Abend sein Handy um 20 Uhr abgeben. Er findet das total ungerecht. Jedes Mal kommt es zum Streit. Seine Mutter meint: „Dass du dein Handy nicht freiwillig abgeben willst, zeigt mir doch nur, wie süchtig du danach bist." Darauf beschließt Lorenz, sein Handy jeden Abend um 19:55 Uhr freiwillig abzugeben, um seiner Mutter zu beweisen, dass sie falschliegt. Nach einigen Wochen sucht er das Gespräch mit seinen Eltern: „Ich denke, ich habe jetzt bewiesen, dass ihr euch unnötig Sorgen macht. Ich verlange, dass ich mein Handy länger am Abend behalten darf, da zwischen 20 und 20:30 Uhr im Klassenchat viel läuft." Mit seinem geschickten Verhalten widerlegte Lorenz das Hauptargument seiner Eltern, er könne nicht mit dem Handy umgehen, und es bleibt ihnen keine andere Wahl, als eine neue, etwas lockerere Regelung versuchen.*

Das häufigste Argument von Eltern dafür, dass sie dir Regeln machen, ist: „*Regeln sind notwendig, weil du das noch nicht kannst.*" Wenn du dich von deinen Eltern ungerecht behandelt fühlst, beweise ihnen, dass sie falschliegen. Kämpfe dafür und bleibe clever. Du kannst beweisen, dass deine Eltern sich irren, wenn du dich strikt an ihre Regeln hältst und so zeigst, dass du sehr wohl mit Grenzen umgehen kannst.

Wirklich faire Eltern merken, wenn sie falschliegen, und geben nach. Ebenso ist es aber deine Aufgabe, einzusehen, wenn etwas wirklich nicht funktioniert. Hätte es Lorenz nicht geschafft, sich an die Regel zu halten, wäre es konsequent gewesen, dies einzugestehen und die Regel so lange zu akzeptieren, bis es klappt mit der pünktlichen Handy-Abgabe.

Wirst du von deinen Eltern unterschätzt und es lässt sich an den Regeln trotz deines verantwortungsvollen Verhaltens nichts rütteln? Oder lassen sie einfach nicht mit sich diskutieren und sagen: *„Es ist so, weil es so ist!"*? Lass dich damit nicht abspeisen. Wenn deine Eltern schon Regeln für dich machen, hast du zumindest das Recht, ihre Überlegungen dahinter zu erfahren, denn schließlich geht es ja um *dein* Leben und *deine* Freiheit. Teile deinen Eltern deine Meinung mit und erkläre ihnen, dass es ihr Job sei, dir immer mehr Eigenverantwortung zu übertragen. Versuche mit ihnen abzumachen, an *was* genau sie merken würden, dass du jetzt reif genug bist, um beispielsweise bis um 1 Uhr draußen bleiben zu dürfen. Am besten, du schreibst dir die Ergebnisse der Gespräche auf einen Zettel, den du dann zu einem späteren Zeitpunkt wieder hervorholen kannst. So kannst du zeigen, dass du deine Eltern und das, was sie sagen, ernst nimmst, und die Frage danach stellen, ob sie dich auch so ernst nehmen wie du sie.

## WAS DEINE ELTERN DÜRFEN UND WAS NICHT

Deine Eltern haben die Aufgabe, dich zu einem selbstständigen erwachsenen Mann großzuziehen. Um dies zu erreichen, bedienen sich Eltern verschiedener Strategien und erzieherischer Mittel. Diese Mittel müssen sich aber innerhalb des rechtlichen Rahmens unserer Gesellschaft bewegen, denn als Mensch hast du ein Grundrecht auf Freiheit, Sicherheit, Schutz gegen Gewalt und eine erniedrigende Behandlung.[17]

Damit ist gemeint, dass dir deine Eltern zwar das Handy wegnehmen und dir den Ausgang verbieten dürfen, sie dürfen dich aber weder schlagen noch einschließen oder erpressen.

Zudem sind deine Eltern rechtlich verpflichtet, für dich zu sorgen. Das heißt, sie müssen sich um dich sowohl finanziell als auch als Person kümmern, solange du als Kind giltst.[18] Das heißt auch, dass sie dich beispielsweise nicht einfach aus dem Haus werfen dürfen, wenn sie mit dir nicht mehr klarkommen.

Wenn du merkst, dass du körperlich oder emotional von deinen Eltern vernachlässigt, missbraucht oder bedroht wirst, solltest du dir unbedingt Hilfe holen.

---

Beispiele für kostenlose Beratungsangebote für Jugendliche:

CH: www.147.ch / jugendberatung.me

DE: www.bke-jugendberatung.de

AUT: www.jugendberatung.at

---

# GENUSS UND SUCHT

## SUCHT IM JUGENDALTER

Es ist ganz normal, dass viele Jugendliche die verschiedensten Dinge ausprobieren, um sich selber ein Bild zu machen und um Erfahrungen zu sammeln. Dazu kann auch gehören, dass Jugendliche gelegentlich rauchen, kiffen oder Alkohol trinken. Jugendliche sollten ihren Konsum aber ständig kritisch betrachten und zwar aus zwei Gründen: Erstens ist das Gehirn von Jugendlichen stark in der Entwicklung und somit noch

„formbar" (siehe das Kapitel „Gefühle & Gedanken"). Je früher du also theoretisch von etwas süchtig wirst, desto stärker wird das entsprechende Suchtverhalten im Gehirn gespeichert und umso schwieriger ist es, von der Sucht wieder loszukommen. Der zweite Grund ist, dass das Teenageralter eine Zeit voller Unsicherheiten und persönlicher Reifung ist, in der die Jugendlichen für Süchte sehr anfällig sind. Gleichzeitig kann eine Sucht die persönliche und gesundheitliche Entwicklung in ein gesundes Erwachsenenalter verzögern – oder gar blockieren.

# WAS IST SUCHT ?

Eine Sucht entsteht, wenn nicht du das Suchtmittel – sondern das Suchtmittel dich im Griff hat.

Typischerweise ist es für den Betroffenen sehr schwierig, sein Suchtverhalten selber zu erkennen. Oftmals besteht zu Beginn einer Sucht sehr lange die Illusion, jederzeit mit dem Suchtverhalten aufhören zu können. Häufig findet eine Einsicht in die eigene Sucht erst dann statt, wenn man erfolglos versucht hat, aufzuhören.

## KRITERIEN EINER SUCHT[19]

Aus wissenschaftlicher Sicht gibt es verschiedene Kriterien für eine Sucht. Hier ein Überblick über die wichtigsten Punkte:

- Ein starkes *Verlangen* nach einem Verhalten oder einem Rauschmittel.

- Wenig **Kontrolle** über das Ausmaß des Konsums.
- Die Entwicklung einer **Toleranz**, d.h. der Konsum steigert sich über die Zeit.
- Es dreht sich alles um das Konsumieren des Suchtmittels. Das Suchtmittel wird immer wichtiger und steht immer mehr **im Zentrum**.
- Anhaltender Konsum trotz der Einsicht, dass der Suchtmittelkonsum **Probleme** verursacht.

## WIE FUNKTIONIERT SUCHT IM GEHIRN ?

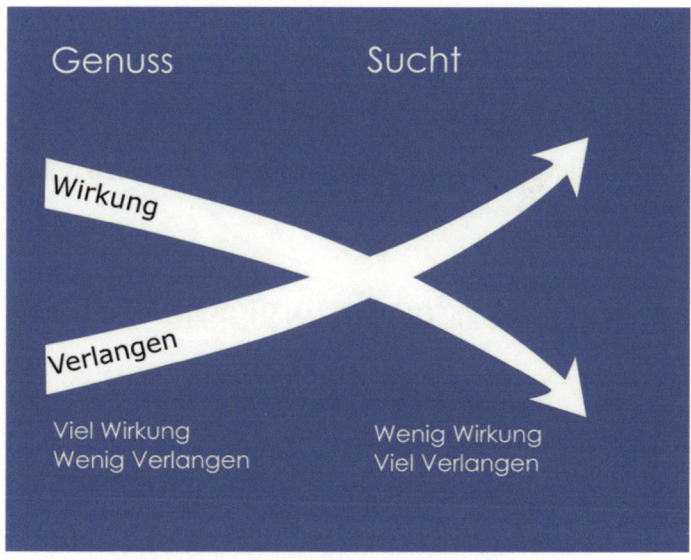

*Bei häufigem Konsum eines Suchtmittels steigt das Verlangen danach, während die Wirkung über die Zeit schwächer wird. Je öfters man konsumiert, desto süchtiger wird man und desto weniger hat man davon.*

Grob betrachtet, kann man Süchte in zwei Bereiche einteilen: die **Verhaltenssucht** und die **substanzgebundene Sucht**. Beide Formen der Sucht funktionieren im Gehirn nach dem gleichen Prinzip: Ein Verhalten (z.B. Glücksspiel oder exzessives Videospielen) oder eine Substanz (z.B. Alkohol, Cannabis oder Zigaretten) löst im Gehirn die Ausschüttung von Glückshormonen aus. Mit der Zeit und bei häufigem Konsum gewöhnt sich das Gehirn an die Ausschüttung dieser Glückshormone. Das empfundene Glück beim Konsum der Droge/des Verhaltens wird mit der Zeit immer schwächer, während das Verlangen nach dem Suchtmittel stetig steigt.

Personen, die nach einem Verhalten oder einer Droge stark süchtig sind, beschreiben oft, dass sich ihr ganzes Leben um die Sucht dreht. Gerade in deinem Alter – wo so viel von dir verlangt wird und du dich auf die wichtigen Dinge im Leben konzentrieren solltest – kann dies für das Erreichen deiner Ziele sehr hinderlich sein.

## WIE RASCH WIRD MAN SÜCHTIG ?

Wie rasch jemand süchtig werden kann, hängt von verschiedenen Faktoren ab:

**Alter –** Je jünger eine Person ist, desto anfälliger ist sie für Suchtverhalten und desto weniger kann sie sich selber Grenzen setzen. Zum einen hat das mit der Hirnentwicklung zu tun, zum andern damit, dass junge Menschen als Persönlichkeiten noch „wenig stabil" sind, um Süchten widerstehen zu können.

**Genetik –** Manche Personen werden schneller abhängiger von einer Substanz oder einem Verhalten als andere.

**Das Suchtmittel –** Nicht alle Suchtmittel machen gleich rasch oder gleich stark abhängig. Während beispielsweise Zigaretten (Nikotin) sehr rasch abhängig machen können, dauert es bei Alkohol in der Regel eher länger, bis der Körper nach dem Stoff verlangt.

**Die Lebenssituation –** Personen, welche viele „Baustellen" im Leben haben, sind durch Suchtmittel leichter verführbar als „gestandene Persönlichkeiten".

# SELBSTTEST

Wenn du dir die Frage stellst, ob du vielleicht süchtig bist, heißt das, dass du Verantwortung für deine Gesundheit übernimmst. Stelle sicher, dass du dir nichts „vormachst", denn niemanden belügt man so einfach wie sich selber. Beispielsweise kannst du einen der folgenden zwei Selbsttests durchführen, um zu überprüfen, ob du (noch) alles im Griff hast.

### Test 1: Ich kann jederzeit damit aufhören

Wenn du denkst, du kannst jederzeit damit aufhören, versuche mal zwei Tage lang keine Zigaretten zu rauchen, nicht zu kiffen oder keine Computerspiele zu spielen, und schau, wie es dir dabei ergeht. Durch diesen Test kannst du nichts verlieren, aber sehr viel gewinnen.

### *Test 2: Ich habe die Kontrolle*

Überprüfe diese Annahme, indem du dir selber vernünftige Grenzen setzt (z.B.: „Ich spiele nicht mehr als 1 Stunde pro Tag", oder: „Ich trinke nicht mehr als zwei Bier pro Abend"). Gelingt dir das, bist du auf einem guten Weg. Kannst du dich nicht daran halten, sollst du dir das knallhart eingestehen.

**Test 1:**

Wie gut ist es mir gelungen, zwei Tage lang auf das Verhalten zu verzichten?

_____
_____
_____
_____
_____
_____
_____

**Test 2:**

Welche Grenzen setze ich mir? Halte ich sie ein?

_____
_____
_____
_____
_____
_____
_____

# WAS KEIN TEENAGER GLAUBT

Als Teenager hast du vielleicht manchmal das Gefühl, viele Dinge besser zu wissen, als die Erwachsenen. Trotzdem möchte ich dir zum Schluss dieses Buches noch einige Antworten mit auf den Weg geben, die viele Erwachsene als Teenager gerne gewusst hätten und die du mir vermutlich erst glauben wirst, wenn du ein wenig älter bist und selber die entsprechenden Erfahrungen gemacht hast.

## ICH WERDE MICH WIEDER VERLIEBEN

Die erste große Liebe ist etwas ganz Besonderes. Wenn diese vorbeigeht, kann es sich anfühlen, als ob eine ganze Welt zusammenbricht. Man kann sich überhaupt nicht vorstellen, jemals wieder so verliebt zu sein. Das ist definitiv ein Irrtum. Auch wenn dieses Gefühl bei den meisten Jungs erst nach einiger Zeit – oder beim Kennenlernen einer neuen Partnerin – vorbeigeht. Du wirst noch viele tolle Frauen kennenlernen, auch wenn du dies nach einer Trennung niemandem glaubst.

## ANDERE HABEN GENAUSO VIELE PROBLEME

Auf Instagram und Facebook kannst du täglich sehen, wie viel Spaß alle anderen haben. Jeder versucht sich dort von seiner besten Seite zu zeigen. Machst du das manchmal auch, obwohl es dir eigentlich nicht immer gut geht? Jungs unter sich sprechen nicht sehr oft über schwierige Gefühle (siehe das

Kapitel „Gefühle und Gedanken"), Unsicherheiten und Probleme. So entsteht bei vielen Jungs der Eindruck, sie seien die Einzigen, bei denen nicht alles rundläuft. In deinem Alter ist es aber völlig normal, Probleme zu haben oder sich unsicher zu fühlen.

## ERWACHSENSEIN HEISST NICHT LANGWEILIG SEIN

Wenn Erwachsene unter sich sind, verhalten sie sich oft ganz anders. Es gibt viele Erwachsene, die sich kindischer benehmen können als mancher Teenager. Vielleicht sind sogar deine Eltern wirklich coole Leute, wenn sie sich unter Gleichaltrigen befinden?

## DIE WELT IST GUT

Die Menschen zerstören den Planeten, führen Krieg und alles dreht sich um Macht und Geld. Gleichzeitig gibt es so viele Menschen mit Wertvorstellungen, die die Welt zum Besseren verändern möchten. Wir leben in einer extrem spannenden Zeit. Elektroautos werden salonfähig. Die Medizin entwickelt sich ständig weiter. Der Welthunger nimmt immer mehr ab. Du lebst in einer Welt, in der nicht alles schlecht ist. Und du kannst dazu beitragen, dass die Welt ein (noch) schönerer Ort wird.

## ICH WERDE WIEDER GLÜCKLICH SEIN

Das Teenageralter ist eine sehr intensive Zeit. Wenn du einen festen Platz in der Gesellschaft gefunden hast und es ruhiger wird, werden auch deine inneren Fragen weniger drängend sein. Viele Probleme fallen mit dem Erwachsenwerden einfach weg.

# QUELLEN

1   Vandello, J. A., & Bosson, J. K. (2012). Hard won and easily Lost: A Review and Synthesis of Theory and Re-search on Precarious Manhood. Psychology of Men & Masculinity, Vol. 14 (2).

2   Pollack, W. S. (2006). The War For Boys: Hearing Real Boys' Voices, Healing Their Pain. Professional Psycholo-gy: Research and Practice, Vol. 37 (2).

3   Buss, D. & Shackelford, T. (1997). Human Aggression in Evolutionary Psychological Perspective. Clinical Psychological Review, Vol. 17 (6).

4   Leimbach, B. (2007). Männlichkeit leben – Die Stärkung des Maskulinen. Ellert & Richter Verlag.

5   Die Grundwerte nach Schwartz werden, etwas vereinfacht, dargestellt und erklärt in: Schmidt, P. et al. (2007). Die Messung von Werten mit dem „Portraits Value Questionnaire". Zeitschrift für Sozialpsychologie, Vol. 38 (4).

6   Crone, E. (2016). Das pubertierende Gehirn – Wie Kinder erwachsen werden. Droemer, München.

7   Rose, A. & Rudolph, K. (2006). A Review of Sex Differences in Peer Relationship Processes: Potential Trade-offs for the Emotional and Behavioral Development of Girls and Boys. Psychological Bulletin, Vol. 132 (1).

8   Harris, R. (2012). Wer dem Glück hinterherrennt, läuft daran vorbei. 5. Aufl. Kösel München.

9   Abel, J., Buff, C. & Burr, S. (2016). Social Media and the Fear of Missing Out. Scale Development and Assessment. Journal of Business & Economics Research. Vol. 14 (1).

10  Fischer, M. & Kaul, E. (2016). Einführung in die Integrative Körper-psychotherapie IBP. Hogrefe, Bern.

11  Studie der Bundeszentrale für gesundheitliche Aufklärung zum Thema Jugendsexualität, 2015.

12  Baley, N. & Zuk, M. (2009). Same-sex behavior and evolution. Trends in Ecology and Evolution, Vol. 24 (8).

13  Buss, D. (2016). The Evolution of Desire. Strategies of Human Mating. Basic Books, New York.

14  Studie der Bundeszentrale für gesundheitliche Aufklärung zum Thema Jugendsexualität, 2015.

15  Buss, D. (2016). The Evolution of Desire. A.a.O.

16  Steinberg, L. & Morris, A. (2001). Adolescent Development. Annual Review of Psychology, Vol. 52.

17  UN-Menschenrechts-Charta.

18  In Deutschland z.B. BGB §1631, in Österreich z.B. Bundesrecht §140, in der Schweiz z.B. ZGB §196

19  Sinngemäß nach: Internationale Klassifikation psychischer Störungen:, ICD-10, Kapitel F.

# ZUM AUTOR

Karl Brühwiler arbeitet in leitender Funktion als Psychothera-
peut im Schul- und Berufsbildungsheim Albisbrunn im Kan-
ton Zürich. Sein Psychologiestudium an der Uni Zürich und
die Weiterbildung zum Psychotherapeuten der Integrativen
Körperpsychotherapie (IBP) ebneten ihm den Weg, Jugendlichen in verschiedensten therapeutischen und beraterischen
Settings zu begegnen. Kein Lebensabschnitt ist so spannend,
vielschichtig und herausfordernd wie die Jugendzeit! Mit
Interesse, Humor, emotionaler Präsenz und auf Augenhöhe
erarbeitete er sich das Wissen dieses Buches, welches vielen
jungen Männer geholfen hat, ihren Weg in ein gesundes Erwachsenenleben zu finden.